IVES-ALEXANDRE THALMANN

Caderno de exercícios para aprender a ser feliz

Ilustrações de Jean Augagneur

Tradução de Stephania Matousek

© Éditions Jouvence, 2009
Chemin du Guillon 20
Case 184 CH-1233 — Bernex
http://www.editions-jouvence.com
info@editions-jouvence.com

Tradução do original em francês intitulado
Petit cahier d'exercices
d'entraînement au bonheur

CONSELHO EDITORIAL

Diretor
Volney J. Berkenbrock

Editores
Aline dos Santos Carneiro
Edrian Josué Pasini
Marilac Loraine Oleniki
Welder Lancieri Marchini

Conselheiros
Elói Dionísio Piva
Francisco Morás
Gilberto Gonçalves Garcia
Ludovico Garmus
Teobaldo Heidemann

Secretário executivo
Leonardo A.R.T. dos Santos

Editoração: André Luiz da Rocha Henriques
Projeto gráfico: Éditions Jouvence
Arte-finalização: Lara Kuebler
Capa/ilustrações: Jean Augagneur
Arte-finalização: Bruno Margiotta

Direitos de publicação em língua portuguesa —
Brasil: 2010, Editora Vozes Ltda.
Rua Frei Luís, 100
25689-900 Petrópolis, RJ
www.vozes.com.br
Brasil

Todos os direitos reservados. Nenhuma parte desta
obra poderá ser reproduzida ou transmitida por
qualquer forma e/ou quaisquer meios (eletrônico
ou mecânico, incluindo fotocópia e gravação) ou
arquivada em qualquer sistema ou banco de dados
sem permissão escrita da editora.

PRODUÇÃO EDITORIAL

Aline L.R. de Barros
Marcelo Telles
Mirela de Oliveira
Otaviano M. Cunha
Rafael de Oliveira
Samuel Rezende
Vanessa Luz
Verônica M. Guedes

Conselho de projetos editoriais
Isabelle Theodora Martins
Luísa Ramos M. Lorenzi
Natália França
Priscilla A.F. Alves

ISBN 978-85-326-4006-2 (Brasil)

ISBN 978-2-88353-777-4 (Suíça)

Este livro foi composto e impresso pela
Editora Vozes Ltda.

Dados Internacionais de Catalogação na Publicação (CIP)
(Câmara Brasileira do Livro, SP, Brasil)

Thalmann, Yves-Alexandre
    Caderno de exercícios para aprender a ser feliz.
Yves-Alexandre Thalmann ; ilustrações de Jean Augagneur ;
tradução de Stephania Matousek. 4. ed. — Petrópolis, RJ :
Vozes, 2015. — (Coleção Cadernos — Praticando o Bem-estar)

    Título original: Petit cahier d'exercices d'entraînement au
bonheur
    Bibliografia.

    5ª reimpressão, 2024.

    ISBN 978-85-326-4006-2

    1. Autorrealização 2. Felicidade I. Augagneur, Jean.
II. Título. III. Série.

10-02613   CDD–158

Índices para catálogo sistemático:
1. Felicidade : Psicologia aplicada   158

«Eu estou bem, tudo está bem,
eu estou bem, tudo está bem...»

Será que este é mais um daqueles textos que tentam nos convencer de que basta pensar positivo para tudo melhorar, para a felicidade chegar?

Fique tranquila(o), cara leitora, caro leitor, não é este o objetivo deste caderno. Podemos _pensar_ o que quisermos, mas não podemos escapar à tirania da realidade!

Não, a felicidade não é tão simples assim... Mas não necessariamente bem mais complicada. Isto porque os nossos amigos cientistas[1] redescobriram o que os filósofos e sábios nos repetem desde a Antiguidade:

Não é possível encontrar a felicidade,
mas sim construí-la e exercitá-la.

---

[1] A disciplina científica que estuda a felicidade se chama *Psicologia Positiva* e é ensinada em universidades (principalmente na América do Norte). Não a confunda com as correntes de pensamento positivo!

Infelizmente, as escolas ainda não oferecem aulas de felicidade. Mas, felizmente, existem cursos de recuperação! Um ótimo exemplo é o pequeno caderno de exercícios que você está segurando.

Então, mãos ao lápis para cultivar a sua felicidade... e se tornar um culturista da felicidade!

Antes de começar, teste os seus conhecimentos sobre a felicidade!

Observação: Este teste não corresponde a uma visão filosófica ou religiosa específica da felicidade, mas à **felicidade normal**, tal como ela é percebida no seio da população a partir de pesquisas estatísticas e estudos científicos.

Certo ou errado?

	CERTO	ERRADO
1) Grandes ganhadores de loteria (mais de um milhão) são, de forma duradoura, mais felizes.	☐	☐
2) Felicidade é mais uma questão de serenidade da alma do que de momentos de alegria.	☐	☐
3) Pessoas religiosas geralmente são mais felizes do que ateus.	☐	☐
4) O nível de felicidade que podemos atingir é geneticamente determinado (cada um nasce mais ou menos feliz).	☐	☐
5) Beleza é fonte de felicidade.	☐	☐
6) As pessoas casadas são normalmente mais felizes do que as solteiras.	☐	☐
7) Você pode decidir se tornar mais feliz.	☐	☐

Resultados na página 30. Mas continue a leitura deste caderno antes de consultar as suas respostas...

Rumo à descoberta da felicidade

Ah, se eu tivesse...

O que lhe falta para ser mais feliz? Complete a seguinte lista com o que, em sua opinião, poderia aumentar a sua felicidade.

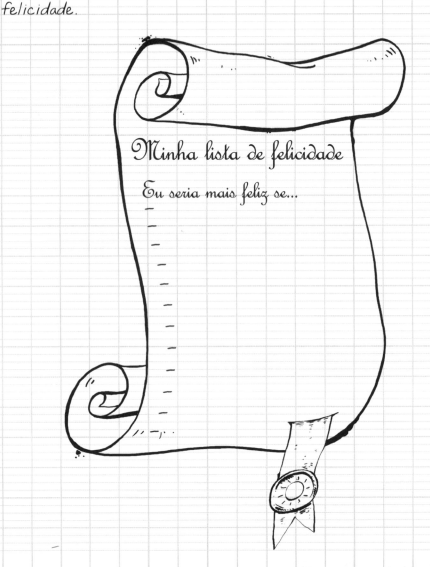

Minha lista de felicidade

Eu seria mais feliz se...

Um pouco de teoria

Vastos estudos (cujas referências se encontram no final deste caderno), englobando um grande número de pessoas, permitiram afirmar que a felicidade não depende de:

- **Bem-estar material** (fortuna, renda, casa, carro, joias, objetos, etc.) – Não, dinheiro não traz felicidade, embora seja preciso ter o suficiente para satisfazer necessidades básicas, como alimentação, moradia e um mínimo de segurança.

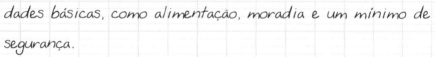

- **Status social e diplomas** – Inteligência não ajuda a ser mais feliz.

> Em 1940, os americanos avaliavam sua satisfação geral com relação à vida em 7,5 numa escala de 0 a 10. Um terço dos lares não tinha água corrente, nem banheiros integrados à sua casa, e somente metade dispunha de calefação central.
> Hoje em dia, mesmo com os lava-louças, fornos de micro-ondas, máquinas de lavar roupa, telas planas e computadores, o placar atual de satisfação dos americanos é de... 7,2!

- **Beleza** - As pessoas consideradas como mais atraentes não são mais felizes (basta ler as revistas de fofoca para confirmar isto!). Você não se tornará mais feliz ficando mais bonito(a), e sim amando-se mais.
- **Saúde** - Surpreendentemente, mesmo pessoas que sofrem de doenças crônicas conseguem se sentir felizes por existir.

Volte à sua lista de felicidade e risque os intrusos (mesmo que você ache que eles realmente lhe façam falta) com uma caneta hidrográfica vermelha.

A felicidade autêntica não tem nada a ver com a visão restritiva e comercial que a publicidade tenta nos impor. Não, um carro zero, o celular mais moderno ou um casaco novo não vão fazer você mais feliz! Nem algumas rugas a menos, uma promoção no trabalho ou uma saúde melhor, aliás.

> « *Muitas pessoas ricas não são mais do que simples guardiões do que possuem.* »
>
> Frank Lloyd Wright

Então, o que pode fazer você mais feliz?

- **Relações sociais:** ter um companheiro(a), cultivar círculos de amizades e relações que lhe permitam crescer pessoalmente (com os membros da sua família, por exemplo) exercem um efeito determinante no sentimento de felicidade.

> « *Felicidade é ter alguém a perder.* »
> Philippe Delerm

- **Atividades** (sejam elas profissionais ou de lazer): o que nos deixa felizes é aquilo que fazemos.

> « *A atividade é indispensável à felicidade.* »
> Arthur Schopenhauer

- **Fé**: todos os estudos demonstram a importância deste fator: as pessoas que seguem crenças religiosas se dizem mais felizes (com exceção dos integristas e fundamentalistas). Por quê? Pelo apoio oferecido por uma comunidade que compartilha os mesmos valores, pela relação vivaz que se mantém com o plano espiritual e por um conjunto de crenças benéficas (a vida tem um sentido, Deus sempre nos ajuda etc.).

Portanto, a felicidade está mais ligada a um estado de espírito do que às coisas que podemos possuir.

Recorte numa revista ou foto pessoal uma imagem que simbolize a felicidade para você e cole-a aqui. (Não se deixe influenciar pelas imagens publicitárias, que veiculam uma ideia degradada da felicidade!)

Uma visão da felicidade

Expulse os intrusos!

No desenho abaixo, pinte somente os elementos propícios a aumentar a felicidade.

11

Termômetro da felicidade

Aumente a temperatura de acordo com o nível da sua resposta a cada uma das seguintes perguntas:

Muito... = 7

Bem pouco... = 1

1) De modo geral, eu me considero:

   Muito feliz
   Bem pouco feliz

2) Em comparação com os outros, eu me acho:

   Mais feliz
   Menos feliz

3) Certas pessoas parecem felizes e capazes de saborear os presentes da vida. Em que medida esta descrição se aplica a você?

   Perfeitamente
   De modo algum

4) Certas pessoas parecem bastante infelizes, deprimidas e nunca se sentem em forma. Em que medida esta descrição se aplica a você?

   De modo algum
   Perfeitamente

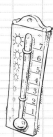

Some os resultados obtidos pelas suas respostas e calcule a média. A título de informação, a média das pessoas oscila entre 4,5 e 5,5.
Refaça este teste regularmente para verificar a progressão da sua felicidade.

« Encha o tanque da felicidade, por favor! »

Cada um com a sua felicidade!

A felicidade é uma noção que varia de pessoa para pessoa. Ela pode adquirir formas diferentes para cada um. Ordene de 1 a 4 as etiquetas abaixo de acordo com o seu <u>hit parade</u> pessoal das formas de felicidade:

Viver momentos de alegria intensa: entrega de um diploma, cerimônia de casamento, nascimento de uma criança, festas, etc.

Ter paz de espírito, aconteça o que acontecer.

Estar contente com o que você tem e com a sua vida.

Fazer coisas das quais você gosta.

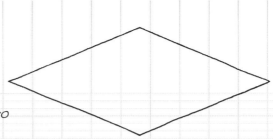

De fato, existem quatro faces da felicidade:

- O **prazer dos sentidos** e as alegrias que vivenciamos.
- O **envolvimento** numa atividade que dá sentido à vida (trabalho voluntário, tomar conta de crianças etc.).
- O **contentamento** devido à satisfação do que já realizamos.
- A **paz de espírito** e a distância com relação aos acontecimentos.

Estas quatro faces também indicam a modificação da nossa imagem da felicidade com a idade:

- Juventude: alegrias.

- Idade adulta: envolvimento.

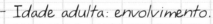

- Maturidade: contentamento.

- Velhice: serenidade.

15

A nossa visão da felicidade varia com a idade!

Não devemos apostar todas as nossas fichas num único lado da felicidade! Vamos desenvolver os quatro!

O que você poderia fazer para enriquecer as quatro faces da sua felicidade? Complete o seguinte quadro com as suas próprias ideias:

Alegria

— Valorizar mais os peque-
nos dons da vida.
— Organizar encontros entre
amigos.
— Assistir a filmes engra-
çados.
—
—
—
—

Envolvimento

— Praticar um esporte do
qual eu gosto.
— Prestar um trabalho
voluntário.
—
—
—
—

Contentamento

— Consultar os meus álbuns
de foto.
— Evocar boas lembranças.
—
—
—
—

Serenidade

— Aprender técnicas de
relaxamento.
— Praticar o desapego.
—
—
—
—

À moda oriental ou ocidental?

A equação da felicidade se resume a:

$$\text{Felicidade} = \frac{\text{Satisfação}}{\text{Desejos}}$$

Podemos aumentar a nossa felicidade multiplicando o número das nossas satisfações (moda ocidental), mas também diminuindo a quantidade dos nossos desejos (moda oriental).

- Eu poderia abrir mão de comprar aquela
roupa da qual realmente não preciso.

- Por que não comer algumas frutas no almoço, em
vez de pedir um prato feito num restaurante?

Segundo o budismo, o apego e os desejos causam sofri-
mento.
De que você poderia se desprender, o que poderia
abdicar?

-
-
-
-
-

Quando menos rima com melhor...

No budismo, o bem-estar proporcionado por um
espírito profundamente calmo e sereno, livre
das ilusões produzidas pela mente, chama-se
soukha.

Simbolize a felicidade com um desenho, cor, forma, música, refrão etc.

Os antigos..

« Queira que o que acontecer aconteça como acontecer, e você será feliz. »

Epiteto

19

..e os modernos:

« Quando não temos aquilo de que gostamos, devemos gostar daquilo que temos. »

Serge Gainsbourg

O inimigo da felicidade

O hábito é o inimigo público n° 1 da felicidade.

Os psicólogos chamam este mecanismo de **adaptação hedonista**. O prazer é acompanhado por secreções de neurotransmissores, tais como as endorfinas no cérebro. Ora, com o tempo, os receptores destas substâncias acabam saturando. É como quando uma pessoa se acostuma com algo, com os efeitos do álcool, por exemplo.

Em outras palavras, acabamos nos adaptando, e o efeito de euforia das novas situações acaba sempre se atenuando.

- Uma pessoa que tenha ganhado uma enorme quantia na loteria exulta e pensa que a sua vida vai se transformar. Alguns meses depois, ela terá incorporado estas mudanças e não se considerará mais tão feliz assim.
- Antes de comprar um carro, uma pessoa a pé imagina a que ponto sua vida será mais feliz assim que estiver motorizada. Uma vez automobilista, passados os primeiros momentos de descoberta, ela se depara com os engarrafamentos, os custos da gasolina e da manutenção...
- Um solteiro sonha em encontrar o verdadeiro amor. Depois dos primeiros meses de paixão, as preocupações cotidianas voltam a ser o centro das atenções.

Anote aqui algumas situações em que a adaptação hedonista interferiu na sua vida:

-
-
-
-
-
-
-
-
-
-

Felizmente, existe um segredo para lutar contra este efeito antifelicidade:

Acolher o que acontece na nossa vida com um olhar novo, assim como um recém-nascido descobre o mundo.

Nada pode ser adquirido definitivamente

- Estou tão contente porque o meu cônjuge volta para casa todas as noites com saúde e continua demonstrando que me ama!

- Quanta alegria por meus filhos estarem crescendo bem e mantendo boas relações comigo!

- Como estou feliz por ter um trabalho e poder ganhar a minha vida!

Lista das pequenas alegrias cotidianas a serem saboreadas:

— Colocar um novo vaso de flores em casa.
— Abrir a janela de manhã e ver o sol brilhar.
— Assistir ao meu seriado favorito na televisão.
— Tomar um sorvete no verão.
— Ir nadar num rio junto com a família.
— Dividir um prato de espaguete com os amigos sem-cerimônia.
— Observar o voo das andorinhas na primavera.
— Consertar os brinquedos estragados dos meus filhos.
— Caminhar sozinho(a) numa floresta.
— Rever os meus colegas na segunda-feira de manhã e lhes contar sobre o fim de semana.
— Tomar uma boa taça de vinho.
— Dar um passeio de moto.
— Ir ao cinema com o(a) meu(minha) companheiro(a).

« É preciso mostrar aos homens a felicidade que eles ignoram mesmo quando desfrutam dela. »

Montesquieu

Minha lista pessoal de pequenas alegrias. Use canetas coloridas para ver a vida cor-de-rosa.

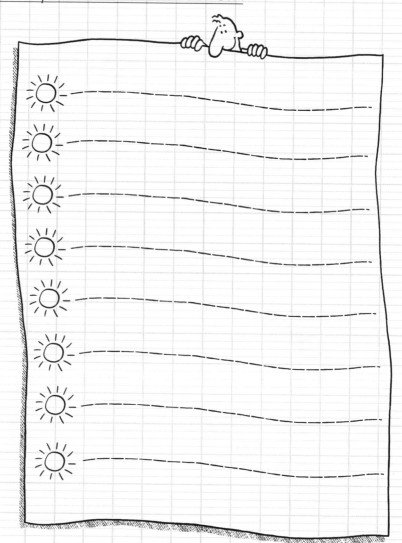

Ataque os seus hábitos

Os hábitos são um freio para a felicidade, pois nos impedem de perceber a riqueza do cotidiano. A rotina...
Vamos decidir fazer as coisas de modo consciente em vez de automático. Assim poderemos apreciá-las melhor.

- Vou mudar de lugar regularmente à mesa de jantar (ou na cama conjugal).

- De vez em quando, vou organizar de modo diferente a disposição da minha casa.

- Vou testar novos restaurantes.

- Vou experimentar outros caminhos para ir ao trabalho.

Embora as boas intenções sejam úteis, as resoluções firmes são ainda mais eficientes!

Anote os hábitos que você tem a intenção de modificar na lista abaixo e depois coloque em prática cada resolução durante toda uma semana.

Semana do

Semana do dia ... ao dia...

Semana do dia ... ao dia...

Semana do dia ... ao dia...

Semana do dia ... ao dia...

Semana do dia ... ao dia...

Semana do dia ... ao dia...

Semana do dia ... ao dia...

Jogue fora as ideias erradas!

Os círculos a seguir contêm ideias erradas sobre a felicidade.
Reflita sobre elas para se convencer do seu caráter equívoco
e decida se livrar delas. Depois, recorte-as, amasse-as e
coloque-se à cerca de um metro de uma lata de lixo. Um ponto
para cada bola de papel no alvo. E "um tantão assim" de mais
felicidade para você!

A felicidade
é algo que
se encontra:
basta estar no
lugar certo com
as pessoas certas
para ser feliz.

A felicidade
consiste em mudar
de ambiente:
um novo contexto
de vida nos
deixará mais
felizes.

Ou você é feliz
ou não é. Não dá
para escolher ser
feliz. É assim
ou assado,
e ponto-final.

« *A felicidade não se encontra pronta,*
mas se constrói pouco a pouco.
Ela não depende daquilo que nos falta,
mas sim da maneira como usamos
aquilo que possuímos. »

Arnaud Desjardins

Um professor de felicidade

Você certamente conhece pessoas que nasceram para ser felizes: siga o exemplo delas!

Pense numa pessoa que você considera especialmente feliz. Trata-se do(a)...

Em seguida, anote os seus comportamentos:

—
—
—
—
—
—
—

O exercício consiste em imitar estes comportamentos durante algum tempo e observar as mudanças que se efetuam.

Mudanças efetuadas:

—
—
—
—
—
—
—

Você sabia?

A filosofia da felicidade tem um nome: eudemonismo.

Ao agir como se fosse feliz, você acaba se tornando um pouco mais feliz!

Resultado do teste da página 5:

1) Errado

Estudos realizados sobre ganhadores de grandes quantias demonstram que, após o momento de euforia inicial, eles não se sentem mais felizes. Um ano depois, o lucro em termos de felicidade geralmente já se esgotou.

2) Errado

Os dois são partes integrantes da felicidade, como duas faces da mesma moeda.

3) Certo

Pessoas que mantêm uma vida espiritual ativa geralmente se dizem mais felizes do que os ateus. Em compensação, o fato de seguir ou não uma religião oficial não faz muita diferença.

4) Certo

A tendência a sentir emoções agradáveis é uma questão de temperamento. Trata-se de uma **loteria genética**. Mas é claro que podemos modular estas predisposições, como você vai ver neste caderno.

5) Errado

Pessoas que recorrem à cirurgia plástica não se consideram mais felizes algum tempo depois da operação, salvo aquelas que o fizeram para amenizar deformações graves.

6) Certo

A vida conjugal aumenta a felicidade a partir do momento em que há respeito mútuo e intimidade (contatos satisfatórios: sexualidade, projetos em comum etc.). Esta vantagem pode, no entanto, desaparecer com a chegada dos filhos.

7) Certo

A felicidade pode se construir. Ela não depende **somente**, mas **muito**, dos nossos esforços (que equivalem a 40% do total, segundo cientistas que estudam a questão).

« *A felicidade não chega automaticamente [...];
ela depende de nós mesmos.
Ninguém se torna feliz do dia para a noite,
mas sim procedendo a um trabalho paciente,
levado adiante a cada dia.
A felicidade se constrói,
o que exige empenho e tempo.* »

Luca e Francesco Cavalli-Sforza

Lições de felicidade

Veja agora algumas lições de felicidade. Cada uma delas representa ações concretas a serem executadas.

Não basta lê-las, é preciso realmente colocá-las em prática e treinar para tirar proveito das suas melhorias de modo duradouro.

Lição 1:
Pense positivo!

A felicidade está obviamente ligada ao **sentimento** de ser feliz. Ora, não podemos escolher tudo o que sentimos, da mesma forma que não podemos escolher o nosso temperamento (predisposição ou tendência a sentir tal ou tal emoção). No máximo conseguimos modulá-lo parcialmente.

Porém, a felicidade também é uma maneira de **ver as coisas**, ou seja, o resultado dos nossos **pensamentos**.

Portanto, devemos nos lembrar da nossa capacidade de escolher conscientemente a nossa forma de pensar e avaliar os acontecimentos.

Mude a sua maneira de falar

Aula de vocabulário

Risque do seu vocabulário as palavras pessimistas e troque-as por termos mais otimistas, mas com sentido quase equivalente.

~~Fracasso~~	Lição
Obstáculo	Desafio
Impossível	Pouco provável
Catástrofe	Grande contratempo
Falha	Aprendizado
Ruim	Não está à altura das minhas expectativas

(Escreva as suas palavras aqui)

Mude a sua forma de pensar: cultive o otimismo!

Isto significa enxergar o lado positivo das coisas.

Desenvolva um olhar diferente!

Antes de tirar conclusões negativas, faça a si mesmo as seguintes perguntas:
- Que outro significado eu poderia dar a este aconteci-mento?
- Será que ele pode produzir boas consequências?
- Será que ele abre uma oportunidade favorável?
- Que lição posso tirar dele para o futuro?

Calma lá! Escolha três situações da sua vida em que você aplicou um julgamento negativo e reavalie-as a partir das perguntas acima.

1ª situação:...
—
—
—
—

2ª situação:...
—
—
—

3ª situação:...
—
—
—
—

« O pessimismo é feito de humor, o otimismo, de vontade. »

Alain

Pensar negativo e nadar no sentido da corrente são atitudes fáceis demais. Ver as coisas pelo lado positivo necessita um esforço redobrado e uma atenção constante.

Lição 2:
Detenha as comparações nefastas!

O meio mais seguro de estragar a sua própria felicidade é estabelecer comparações com:

- o que era melhor antes (**Ah, os bons velhos tempos!**);
- o que eu poderia ter conseguido melhor (**Eu passei pertinho do alvo!**);
- outras pessoas que tiveram mais sucesso do que eu (**Eu não tenho sorte!**).

<u>Um estudo realizado sobre os pódios olímpicos demonstra que os desportistas que ganham a medalha de bronze parecem mais felizes do que os que ganham a de prata. Por quê?</u>

Resposta: Os segundos se comparam com os primeiros e ficam decepcionados por não terem ganhado, enquanto que os terceiros ficam contentes por pelo menos subirem ao pódio (comparação com os que "vêm em seguida.").

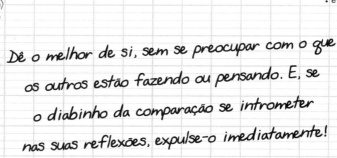

Dê o melhor de si, sem se preocupar com o que os outros estão fazendo ou pensando. E, se o diabinho da comparação se intrometer nas suas reflexões, expulse-o imediatamente!

Diga em voz alta (se possível): «Não!» ou «Pare!»

- Ei, parece que a Monique ganhou de novo na loteria... PARE!
- Por que é sempre comigo que isto acontece...? PARE!
- Naquela época... NÃO!

Você também pode inverter a perspectiva de comparação e considerar as pessoas menos sortudas do que você (combine este exercício com aquele do vocabulário):

- Meu filho é muito difícil, nada a ver com o da Isabela!

⟶ O meu filho pode não ser tão obediente quanto eu gostaria que ele fosse, mas ele é um anjo comparado com o...

- O João ganha mais do que eu!

⟶ Eu posso não ganhar tanto quanto o João, mas eu tenho um trabalho, e um trabalho que ainda por cima me agrada.

Escreva aqui as suas frases:

-

-

-

-

Lição 3:
Demonstre a sua gratidão!

Os benefícios da gratidão são incomensuráveis!
Expressar regularmente reconhecimento pelo que você recebe e vivencia pode ser qualificado como

TERAPIA MILAGROSA.

Ela:
- faz você ver o lado bom das coisas;
- ajuda você a forjar comparações vantajosas;
- leva você a valorizar o que tem;
- encoraja os outros a darem o melhor de si;
- favorece boas relações;
- relaxa e deixa feliz.

Sem efeito colateral.
Sem contraindicação.

Posologia

Uma ou duas vezes por semana (não mais do que isto para evitar cair numa rotina que retiraria o sentido da terapia), demonstre oralmente ou por escrito, REAL e EXPLICITAMENTE, a sua gratidão perante alguém que você conhece.

- O padeiro, pelo seu sorriso.
- O carteiro, pela sua pontualidade.
- Um colega seu, pelos favores que lhe presta.
- Os seus pais, por tudo o que já fizeram por você.
- Os seus filhos, por todas as satisfações que lhe proporcionam.
- O(a) seu(sua) companheiro(a), pelo amor que lhe dá.

E por que não... (exercício para os « avançados »):
- Aquele vizinho chato que enche o seu saco, mas que incita você a ser educado.
- Aquele motorista de ônibus que segue viagem sem você, mas que está tentando respeitar os horários.
- Aquela vendedora grossa, mas que pelo menos atende você.

Lista das pessoas perante as quais eu vou demonstrar a minha gratidão:

Nome	Motivo	Data

Lição 4:
Aprenda a perdoar!

> « *Perdoar não significa esquecer ou apagar; mas sim, dependendo do caso, desistir de punir ou odiar, e às vezes até de julgar.* »
>
> André Comte-Sponville

O perdão não é sinônimo de reconciliação, não implicando necessariamente a reparação dos laços com o agressor. Ele também não consiste em desculpar o outro nem em negar a ofensa sofrida.

Perdoar é abdicar o ódio.

Perdoar é se desapegar da raiva.

> « *Aferrar-se à raiva é como tomar um bastão em brasa para jogar em alguém: é você que se queima.* »
>
> Buda

Pessoas de quem tenho rancor e as quais eu gostaria de perdoar:

—
—
—
—
—
—

Risque o nome delas quando você tiver conseguido perdoá-las.

Exercício de empatia

Escolha uma pessoa que você vive acusando de tê-lo(a) ofendido ou maltratado. Em seguida, imagine-se no lugar dela no instante em que estivesse recebendo o seu perdão. Tente ver com os olhos dela, sentir com o coração dela. E você, o que sente neste momento? Como você está vivenciando este contato?

—
—
—
—
—
—
—
—

Exercício da carta de perdão

Pegue uma folha para redigir uma carta de perdão.

Comece descrevendo detalhadamente a dor que você sofreu. Explique por que você ainda se sente magoado(a). Diga o que você gostaria que a pessoa tivesse feito no lugar daquilo que aconteceu. Depois, conceda-lhe perdão de forma explícita, demonstrando-lhe a sua compreensão:

- Eu perdoo o meu pai por ter sido alcoólatra...
- Eu perdoo aquele professor que me rebaixou na frente da turma inteira...
- Eu perdoo a infidelidade do meu marido (da minha mulher)...
- Eu perdoo o meu colega por ter me usado...
- Eu perdoo aquele ladrão por ter roubado a minha carteira...

> ### Cola
>
> Se este exercício lhe pa-
> recer difícil demais, você
> pode procurar ajuda lendo a
> biografia de personalidades
> excepcionais: Gandhi, Nelson
> Mandela, Martin Luther King,
> João Paulo II etc.

Você vai saber quando estiver começando a perdoar pela dimi-nuição do seu desejo de prejudicar e se vingar (**Espero que ele pague por isto!**). E você terá perdoado com-pletamente quando puder lembrar o acontecimento passado sem sentir nem ódio, nem raiva, nem tristeza.

Lição 5:
Seja generoso(a)!

Se você for bom(boa), também será feliz!

> « *A verdadeira felicidade consiste em fazer os outros felizes.* »
>
> Provérbio hindu

Pratique boas ações e constate a que ponto isto proporciona alegria e satisfação.

- Pague um café para um amigo.
- Lave a louça.
- Doe sangue.
- Visite uma pessoa doente.
- Ajude alguém a resolver um "pepino informático".
- Dê uma mãozinha para um desconhecido embarcar no ônibus.

Faça a lista das boas ações que você vai realizar nos próximos sete dias:

Minhas boas ações:

—
—
—
—
—
—
—
—
—
—
—
—
—
—

Ao ser generoso(a), você não somente muda o seu olhar sobre si mesmo(a) e oferece bem-estar aos outros, mas também provoca um turbilhão de efeitos positivos ao seu redor.

« *Se quiser ser feliz, pratique a compaixão.* »

14° Dalai-Lama

Lição 6:
Desfrute os pequenos prazeres da vida!

Parece fácil, mas não é! Por isto, você deverá assinar um contrato consigo mesmo a fim de ter certeza de que vai COLOCAR EM PRÁTICA as regras.

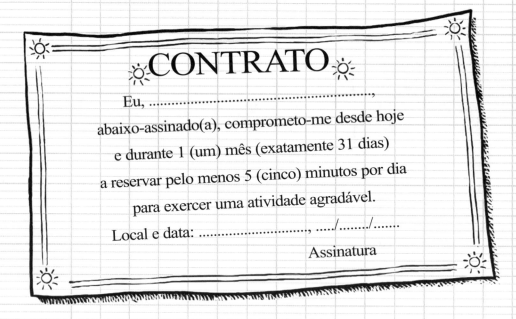

CONTRATO

Eu, ...,
abaixo-assinado(a), comprometo-me desde hoje
e durante 1 (um) mês (exatamente 31 dias)
a reservar pelo menos 5 (cinco) minutos por dia
para exercer uma atividade agradável.
Local e data: ...., .../......../.......

Assinatura

Sugestões de atividades agradáveis

- ouvir música
- bater papo com amigos
- pensar em alguém que eu amo
- fazer carinho
- receber um elogio
- comer uma guloseima
- rir
- jardinar
- fazer amor
- dar carona
- fazer uma « loucura »
- ligar para um velho amigo
- ler jornal
- brincar com crianças
- compor um poema
- dançar na chuva
- contar uma história
- jogar baralho
- tomar banho de mangueira
- dormir com uma bolsa de água quente

- tomar um banho
- vestir roupas frescas
- receber uma carícia
- dirigir um carro
- pensar em algo agradável
- jogar videogame
- ir a uma festa
- cozinhar um bom prato
- sorrir para alguém
- observar a lua e as estrelas
- acender velas
- ter tempo livre
- caminhar descalço
- comer com as mãos
- plantar sementes
- respeitar o seu próprio ritmo
- fazer guerra de travesseiros
- acordar tarde
- receber uma massagem

- tomar café da manhã na cama
- ler uma revista
- sentar-me ao sol
- beijar alguém
- escutar rádio
- tirar um cochilo
- arrumar o meu escritório
- cantar
- dar presentes
- ir ao cinema
- tomar sorvete
- comprar flores
- sonhar acordado
- nadar
- rezar
- elaborar um projeto
- surfar na internet
- agradar alguém
- ir dormir tarde
- pagar uma dívida
- dançar

Fazer bem a si mesmo não faz mal!

Lição 7:
Cuide do seu corpo!

É óbvio! Um corpo são e em forma é uma fonte de alegria que não se pode negar. Já que nos lembramos de realizar as revisões do nosso carro e as atualizações do nosso computador, por que vamos negligenciar a manutenção do nosso corpo, que é mil vezes mais precioso?

Três linhas de trabalho se apresentam para você:

1) O que entra no corpo
O que você **come**?
Você costuma intoxicar
o seu organismo?
Privilegie as frutas
e legumes.
Beba bastante líquido.
Pare de fumar.
Diminua o álcool.

Minhas resoluções:

–

–

–

–

–

2) A aparência

O seu peso o(a) satisfaz?
A sua aparência o(a)
agrada?
Cuide do seu *look*.
Escolha roupas adequadas.
Opte por um penteado que
valorize o seu rosto.
Dê-se de presente uma
consulta numa clínica
estética.

Minhas resoluções:
–
–
–
–
–

3) O que sai do corpo

Você faz **exercícios**
regularmente?
Pratica um esporte?
Movimenta-se o bastante?
Evite pegar elevador.
Saia menos de carro.
Privilegie a caminhada
e a bicicleta.

Minhas resoluções:
–
–
–
–
–

« A grande e única questão que devemos ter é viver feliz. »

Voltaire

Lição 8:
Entre no fluxo!

- Eu vou ser tão feliz quando tiver terminado os estudos, arrumado um emprego, comprado uma casa, tido filhos, conseguido fama, me aposentado etc.

Engano seu! Você não será mais feliz assim (lembre-se da adaptação hedonista)! A felicidade acontece aqui e agora!

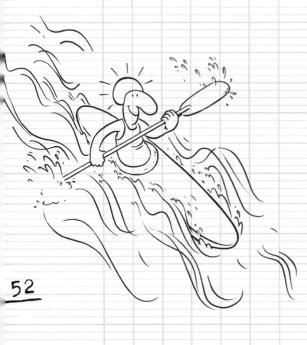

Como? Privilegiando atividades que façam você entrar no fluxo.

O fluxo, ou experiência total, é atingido quando efetuamos tarefas à altura das nossas capacidades, não tão difíceis e nem tão fáceis. Acima do ritmo certo causa estresse e angústia, abaixo, tédio.

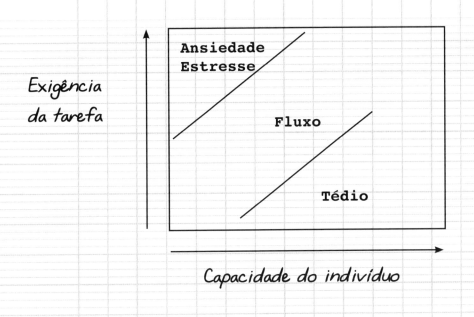

Quando entramos no fluxo, a percepção do tempo esmaece, ficamos cativados pelo que estamos fazendo, totalmente concentrados. É claro. Trata-se de um momento de graça em que nos fundimos com a atividade que estamos realizando. As preocupações e conflitos interiores então se dissipam.

Já foi provado que sentimos o fluxo mais no trabalho do que nas horas de lazer! Portanto, é uma ilusão esperar a pausa, o fim do dia, as férias ou a aposentadoria para ser feliz.

É aqui e agora que isto se dá!

Como aumentar o número de momentos de fluxo no trabalho?

— Se possível, escolher tarefas que não sejam fáceis ou repetitivas demais ou então se impor desafios para tornar o trabalho mais eficaz, transformá-lo num tipo de *hobby*.
— Melhorar o seu desempenho atualizando-se.

Membros do serviço de limpeza de um pequeno hospital eram especialmente felizes. Quando questionados, não respondiam que o seu trabalho consistia em limpar, mas sim em ajudar os médicos a tratarem dos doentes. Eles tinham consciência da importância de sua tarefa. Além disso, impunham-se regularmente desafios para aumentar seu desempenho: como efetuar tal manobra mais rápido e de modo menos cansativo? Que produto era mais eficiente? O que ainda podia ser melhorado?

Nos próximos dias, preste atenção nos momentos em que você se depara com o estresse, o fluxo e o tédio. Anote as circunstâncias no quadro abaixo. Como você poderia modificar as suas atividades para viver mais momentos de graça? Que tipo de ação ou estado de espírito é preciso privilegiar?

Momento do dia	Atividade	Estresse/ Fluxo/Tédio	
manhã	acordar as crianças	estresse	→ acordar 15 minutos mais cedo
manhã	pegar o carro para ir ao trabalho	fluxo	→ . . . . . .

« A felicidade não é chegar ao destino,
mas sim estar a caminho! »

Quadro de evolução

> **« *A felicidade é uma obra que se nutre de ações e decisões.* »**
>
> Christophe André

No quadro a seguir, anote os seus progressos em cada uma das atividades de felicidade exercidas. Indique o objetivo concreto visado (por exemplo, parar de dizer "Eu sou um zero à esquerda" ou perdoar o meu irmão pela vigarice com a qual me prejudicou). Depois, pinte com a cor do semáforo correspondente ao estágio alcançado:

Verde = OK

Laranja = mais ou menos

Vermelho = não concludente ainda

Você pode preencher o quadro como desejar: por linha ou por coluna.

Atividades	Objetivos visados	Avaliação	Objetivos visados	Avaliação	Objetivos visados	Avaliação
Pensamento positivo						
Comparações vantajosas						
Gratidão						
Perdão						
Generosidade						
Prazeres						
Cuidados com o corpo						
Fluxo						

Será que você vai ser um(a) bom(boa) aluno(a) na escola da felicidade?

Conclusão

Ser feliz é viver momentos de alegria e sentir prazer, mas também encontrar uma razão de ser para a sua vida e suas atividades cotidianas.

Receita definitiva do coquetel da felicidade: uma boa dose de prazer cotidiano misturada com a impressão de ver um sentido no que estamos fazendo.

Avalie o seu nível de felicidade

Para isto, complete o quadro a seguir.

Na primeira coluna, liste as atividades do seu dia.

Na segunda, indique o sentido que você dá a esta atividade numa escala de 1 a 5 (1 significa que você não vê muito a necessidade dela, enquanto 5 traduz um significado importante das suas atividades).

Na terceira, marque o prazer que você sentiu ao realizar estas atividades usando a mesma escala de 1 a 5.

Na quarta, anote o tempo dedicado à atividade.

Por fim, na última, avalie se você gostaria de passar mais (+ ou ++) ou menos (− ou −−) tempo nas tarefas mencionadas. Se o tempo real lhe convém, escreva o símbolo =.

Por exemplo:

Atividade	Sentido	Prazer	Tempo	Desejo
Assistir TV	1	3	2h	−
Ficar com a família	4	5	1h	+ +
Fitness	2	2	1h	=

O objetivo deste exercício é ressaltar o modo como você reparte o seu tempo entre as suas ocupações, a fim de lhe permitir **aumentar a proporção de atividades prazerosas e com importante significado,** reduzindo os passatempos que só dão pouco sentido e prazer. Quanto mais símbolos = houver na última coluna, mais plena será a sua vida, sobretudo no que diz respeito às atividades que atingem um placar elevado de prazer e sentido.

Os símbolos duplos ++ e -- representam as prioridades que você deve trabalhar para aumentar a sua satisfação na vida.

Atividade	Sentido	Prazer	Tempo	Desejo

Escolha o que faz você feliz

Com frequência escutamos por aí que não podemos decidir sempre o que iremos fazer. É claro que algumas coisas parecem obrigatórias: ganhar a vida, alimentar-se, dormir etc. Porém, a maneira como concretizamos estas obrigações muitas vezes só depende de nós. Devemos sim ganhar a vida, mas talvez o nosso emprego atual não nos convenha, pois não vemos (mais) muito sentido nele.

Ou então, embora detestemos tarefas domésticas, dedicamos-lhes duas horas por dia. Nestas condições, por que não contratar uma empregada doméstica? Custa dinheiro? Custa, mas a soma investida assim, com certeza, vai deixar você mais feliz do que uma roupa nova ou a última geringonça na moda!

Em suma, todo dia deveria oferecer a sua cota de atividades prazerosas, assim como a maioria das nossas ações deveria contribuir para dar sentido à nossa vida.

E lembre-se de que:

Dizer que não temos escolha é escolher uma felicidade menor!

Então, o que você vai decidir?

Felicidade é uma palavra
que designa a que ponto
uma pessoa ama a vida
que ela leva.

Breve bibliografia da felicidade e da psicologia positiva

ANDRÉ, Christophe. *Viver feliz*.
São Paulo: Martins Fontes, 2006.

BEN-SHAHAR, Tal. *Aprenda a ser feliz*.
Lisboa: Lua de Papel, 2009.

CSIKSZENTMIHALYI, Mihaly. *A psicologia da felicidade*. São Paulo: Saraiva, 1990.

LYUBOMIRSKY, Sonja. *A ciência da felicidade —* Como atingir a felicidade real e duradoura. Rio de Janeiro/São Paulo: Campus/Elsevier, 2008.

RICARD, Matthieu. *Em defesa da felicidade*.
Cascais: Pergaminho, 2005.

Yves-Alexandre Thalmann vive na Suíça, é professor de Psicologia, formador e conferencista na área das competências interpessoais e do bem-estar nos relacionamentos. É autor de diversas obras na área de psicologia e desenvolvimento pessoal.

Acesse a coleção completa em

livrariavozes.com.br/colecoes/caderno-de-exercicios

ou pelo Qr Code abaixo